SILVANA PERINI

PARLIAMO
INSIEME
L'ITALIANO

TESTO PER CORSI
DI LINGUA E CULTURA
ITALIANA ALL'ESTERO

PRIMO LIVELLO 1

GIUNTI MARZOCCO

Presentazione di nuovi contenuti

Esercitazioni e verifiche

Poesie e filastrocche

Favole e racconti

Canzoni

Giochi linguistici

Grafica e illustrazioni
PETER PELLEGRINI

Redazione
ELISABETTA PERINI

Impianti
TIPONGRAPH - VERONA

Realizzazione
GIUNTI MARZOCCO

ISBN 88-09-00297-0

© 1991 by GIUNTI GRUPPO EDITORIALE, Firenze

Stampato presso GIUNTI INDUSTRIE GRAFICHE S.p.A.
Stabilimento di Prato, giugno 1992

Il corso di lingua «Parliamo insieme l'italiano» per fanciulli che apprendono la lingua italiana all'estero si articola in cinque volumi, per cinque livelli, ciascuno dei quali è corredato da un quaderno operativo.

Questa proposta di lavoro trae origine da una precisa scelta metodologica maturata attraverso la personale esperienza di insegnamento dell'italiano come seconda lingua, confrontata con i risultati degli studi più recenti in materia di psicolinguistica e glottodidattica, verificata in svariate situazioni scolastiche europee ed extraeuropee – particolarmente australiane – nell'ambito delle quali viene promosso l'apprendimento della lingua italiana.

La prospettiva della «lingua come comunicazione» induce a scandire gli obiettivi ed i contenuti del corso ponendo il fanciullo al centro del processo di apprendimento/insegnamento: un fanciullo protagonista che vive situazioni comunicative legate al suo mondo, ai suoi interessi, alle sue curiosità. In una progressione a spirale in cui gli esponenti di una funzione e di una nozione vengono via via ripresi, approfonditi, sviluppati e consolidati il bambino dapprima ascolta e comprende il messaggio, in un secondo tempo cerca di riprodurlo manipolandone gli elementi costitutivi e infine scopre e conquista costanti linguistiche basilari.

L'impostazione globale del corso è stata resa flessibile per consentire ai docenti di tarare gli obiettivi a misura delle varie realtà socio-culturali in cui operano; essa offre inoltre la possibilità di agire secondo approcci diversi e diversificati.

I suggerimenti e le proposte di attività offerti nel testo privilegiano il gioco linguisticamente finalizzato, rispondendo alla peculiare esigenza ludica del fanciullo.

Tenuto conto peraltro che l'immagine riveste notevole importanza nel processo di apprendimento di una lingua, si è dedicata una cura particolare all'apparato illustrativo che, grazie alla sua immediatezza ed espressività, diventa supporto motivante, funzionale alla comprensione dei messaggi, alla produzione orale e scritta ed all'accostamento alla lettura.

I quaderni di lavoro che accompagnano ogni volume del corso offrono un'ulteriore gamma di esercizi di ampliamento, di fissaggio, di rinforzo, di reimpiego e di verifica di quanto è stato appreso in classe, sotto la guida dell'insegnante.

Con la presente proposta di lavoro l'autrice si augura di poter contribuire alla conoscenza ed alla diffusione all'estero della lingua e della cultura italiana.

S.P.

INDICE

Come si chiama?

Cerca e rispondi.

Come si chiama questo bambino?

Come si chiama
questa bambina?

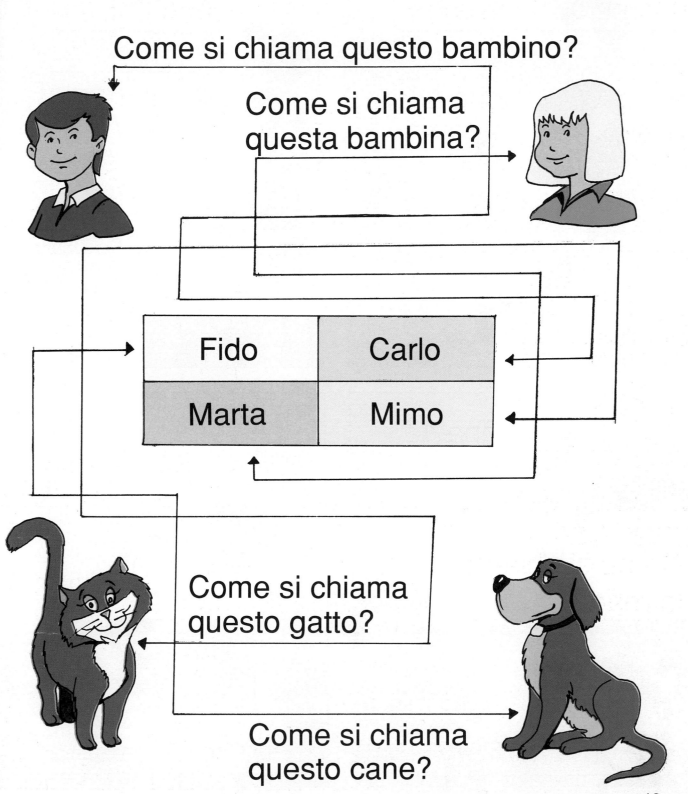

Fido	Carlo
Marta	Mimo

Come si chiama
questo gatto?

Come si chiama
questo cane?

13

Chi sei?

Chi è?

– Chi è questo?
– Questo è il mio babbo.
– Come si chiama?
– Si chiama Giovanni.

– Chi è questa?
– Questa è la mia mamma.
– Come si chiama?
– Si chiama Rosa

– Chi è questo?
– Questo è mio fratello.
– Come si chiama?
– Si chiama Luca.

– Chi è questa?
– Questa è mia sorella.
– Come si chiama?
– Si chiama Lina.

– Chi è questo?
– Questo è mio fratellino.
– Come si chiama?
– Si chiama Antonio.

– Come si chiama la tua mamma?
– Come si chiama il tuo babbo?

Disegna la tua famiglia.

Io mi chiamo...........................
La mia mamma si chiama........

....
Il mio babbo si chiama............

....

Bip

Il gioco dei cartellini.

Alzati!

Siediti!

Vieni!

Guarda!

Corri!

Prendi!

Apri la porta!

Disegna!

Ascolta!

Chiudi la porta!

Ogni bambino sceglie uno dei cartellini preparati dall'insegnante, lo legge ad alta voce e fa o mima l'azione.

Il gioco di Maria Giulia.

*(I bambini si mettono in cerchio e recitano la filastrocca.
Una bambina, in mezzo al cerchio, esegue le azioni).*

Oh! Maria Giulia
alza gli occhi al cielo!
Fai un salto
fanne un altro.
Fai la giravolta
falla un'altra volta.
Fai l'inchino
levati il cappellino.
Su, su, su!
Va' e scegli chi vuoi tu!

21

Chi è?

Unisci con la matita i puntini da 1 a 10.
Conta ad alta voce.

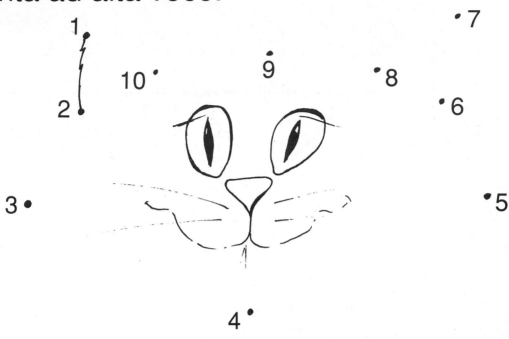

Il numero del telefono.

Scrivi il tuo
numero
di telefono.

Cos'è questo?

Questo è:

il banco

il tavolo

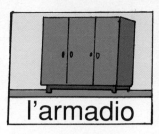
l'armadio

il libro

il quaderno

il gesso

Cos'è questa?

Questa è:

la cartella

la matita

la penna

la gomma

la sedia

la lavagna

Gioco a catena: Un bambino indica un oggetto e chiede al compagno "Cos'è questo?" o "Cos'è questa?". Il compagno risponde e, indicando un altro oggetto, fa la domanda al vicino di banco.

Gioco a catena: Si svolge come il precedente sostituendo la domanda con "È il quaderno questo?". "Sì, questo è il quaderno", o "No, questo è il libro".

Il gioco dell'oca.

Si gioca con un dado. Il bambino conta ad alta voce.
Se trova un comando deve mimare l'azione.
Se trova un oggetto deve dire: "Questo è... questa è... "
Chi sbaglia torna alla partenza.

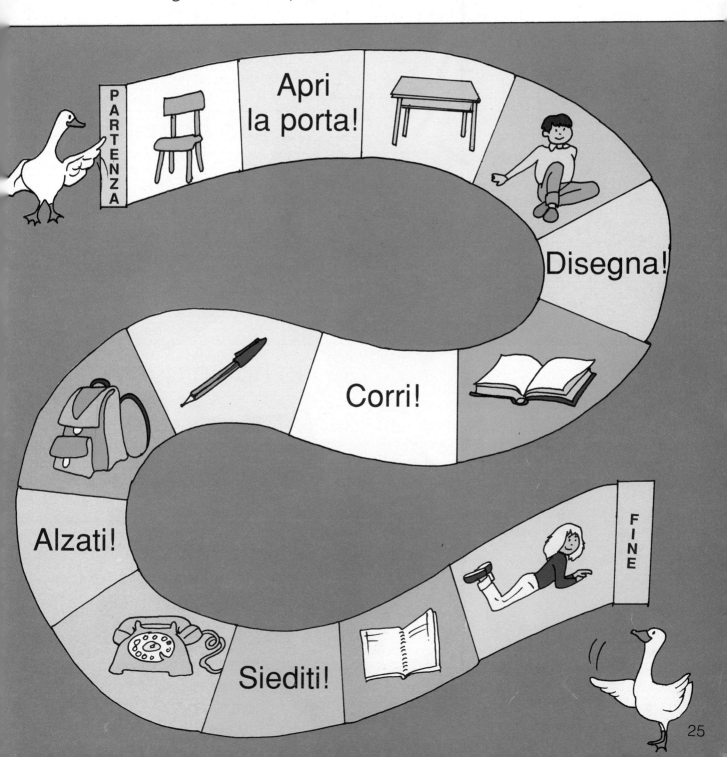

Che cosa hai?

Hai...?

Gioco a catena: Un bambino chiede al compagno "Hai la penna?". Il compagno risponde e, a sua volta, fa la domanda al vicino di banco sostituendo il nome dell'oggetto.

27

Domanda e rispondi.

Hai un cane?

No, non ho un cane.

Hai un gatto?

Sì, ho un gatto.

Hai un'ombrello?

Hai una bicicletta?

Hai una bambola?

Hai una mela?

Hai una banana?

Che cosa ho in mano?

– Che cosa ho in mano?

– Io lo so! Una matita.

– No, non ho una matita.

– Io lo so! Una penna.

– No!

– Un quaderno?

– No!

– Un libro?

– No!

– Una gomma?

– No!

– Io lo so! Una caramella.

– Sì, ho una caramella.

Sai fare questo gioco con i tuoi compagni?

Prendi! Grazie!

Tutti giù per terra.

Gi - ro gi - ro ton - do, ca - sca il mon - do,

ca - sca la ter - ra e tut - ti giù per ter - ra.

Giro giro tondo
casca il mondo
casca la terra
e tutti giù per terra.

 *Giochiamo!*

Tombola

In una scatola ci sono tanti cartellini (ritagliati a pag. 49 - 51 del quaderno di lavoro). L'insegnante estrae dalla scatola un cartellino e dice il nome: Es.: Il babbo. I bambini coprono l'illustrazione con il cartellino corrispondente e ripetono coralmente: Il babbo. Vince chi per primo copre una cartella e sa leggere tutte le immagini.

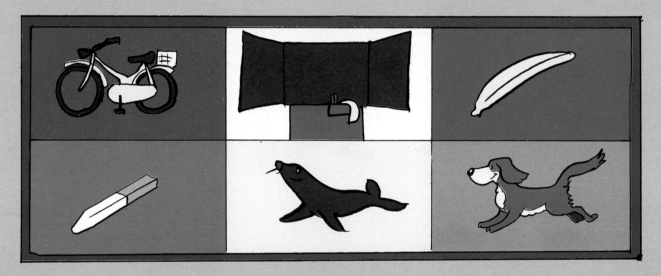

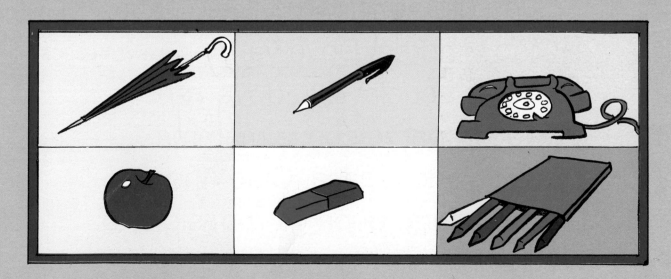

Dove vai?

– Buon giorno, signora. Ciao Laura!

– Ciao, Andrea. Dove vai?

– Vado a scuola. E tu dove vai?

– Vado al parco con la mamma
   e poi vado a casa. Ciao Andrea.

– Ciao Laura. Buon giorno, signora.

Domanda e rispondi.

Bip va a scuola.

– Ciao, Bip. Dove vai?

– Vado a scuola.

– Vai a scuola?

– Sì, certo! Guarda: ho la cartella nuova.

– Come è grande!
Che cos'hai nella cartella?

– Ho tante cose. Guarda!
Ho tre biro, sei matite, sei penne,dieci quaderni, nove colori.

– E poi?

– Ho cinque mele e due banane.

– Hai il libro d'italiano?

– Oh, no! L'ho dimenticato!

Ha... - Non ha...

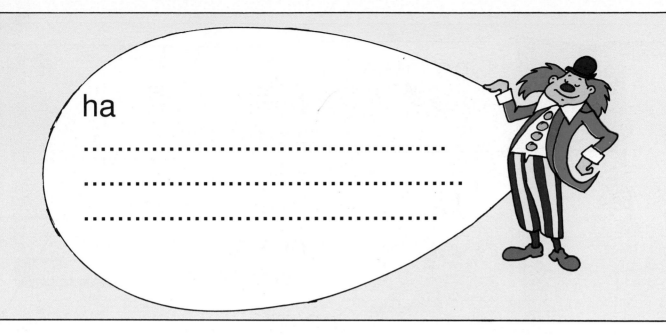

ha

....

....

....

Bip non ha.............................

Hanno... – Non hanno

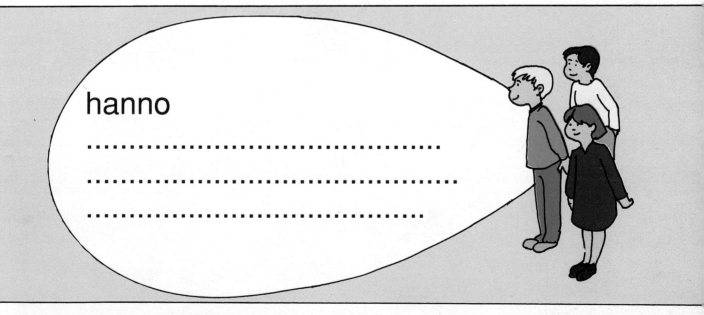

hanno

....

....

....

I bambini non hanno...................

Che cosa fai?

Io non parlo,

Io non disegno,

Io non leggo,

Io non scrivo,

Io non canto,

Io non conto,

Io non studio,

Io ascolto,

Io mangio,

Io bevo,

Io gioco,

Io corro,

Io dormo.

Domanda...

Continua questo gioco con i tuoi compagni che mimano le azioni.

Il gioco dei cartellini.

Parla italiano!

Prendi il libro!

Leggi una frase!

Canta una canzone!

Scrivi il tuo nome!

Disegna un gatto!

Saluta la maestra!

Cancella la lavagna!

Ogni bambino sceglie uno dei cartellini preparati dall'insegnante, lo legge ad alta voce, fa o mima l'azione, ripetendo la frase in prima persona. Es.: «Io parlo italiano».

Fra Martino

FRA MARTINO CAM PA NA RO DOR MI TU?

DOR MI TU? SUO NA LE CAMPA NE

SUO NA LE CAM PA NE DIN DON DAN DIN DON DAN.

Fra Martino
campanaro,
dormi tu, dormi tu?
Suona le campane.
Suona le campane.
Din, don, dan!
Din, don, dan!

Con che cosa giochi?

Luisa e Luca

Il bambino:	– Parli italiano?
La bambina:	– Sì, parlo l'italiano.
Il bambino:	– Come ti chiami?
La bambina:	– Mi chiamo Luisa.
Il bambino:	– Io mi chiamo Luca. Che cosa fai?
La bambina:	– Gioco con le barchette. Giochi con me?
Il bambino:	– Sì, gioco anch'io.

Tu sei Luca e la tua compagna è Luisa: ora prova a fare questa scenetta.

È mio! È mia!

È tuo? È tua?

Continua questo gioco con i tuoi compagni.

Lia e Marco

Lia: – È tua questa palla?

Marco: – Sì, è mia.

Lia: – Giochi con me?

Marco: – No, leggo il giornalino.

Prova a fare questa scenetta con i tuoi compagni.

Poi prova a mettere al posto di «palla»

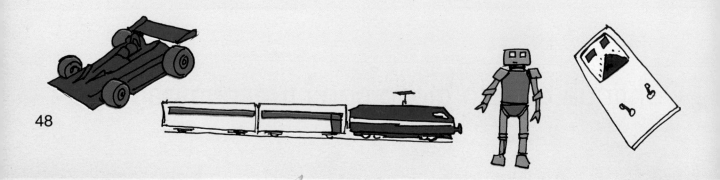

Di chi è?

Rispondi!
Di chi è il giornalino?
Di chi è la bicicletta?

Con chi giochi?

Con chi giochi, Gigi?

Gioco...

... con la mamma.

... con il babbo.

... con mia sorella.

... con Gianni.

... con il mio amico.

Che cosa fa?

Osserva, unisci con una freccia e leggi.

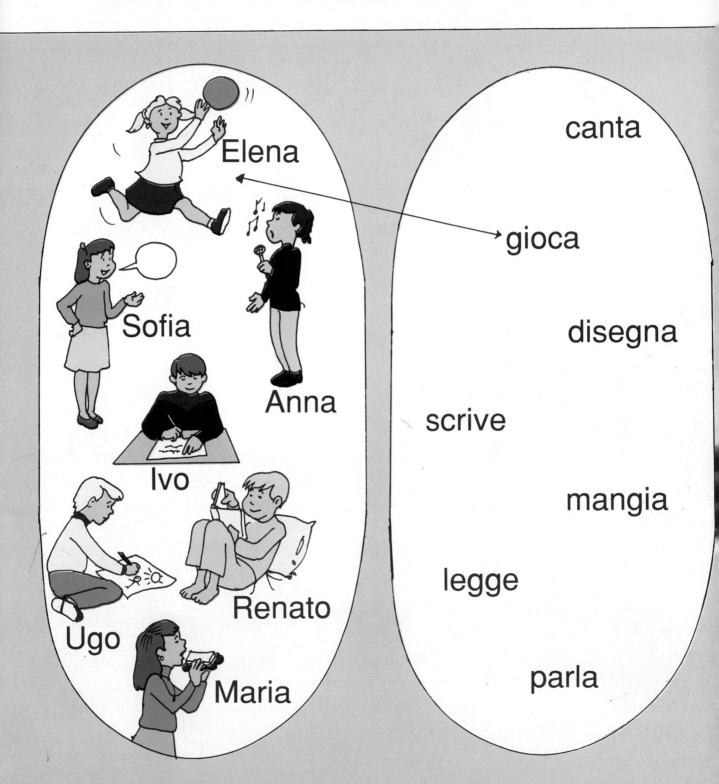

Che cosa fanno?

Anna

Renato

Renato legge.

Luca

Silvia

Continua questo gioco con i compagni.

Osserva e completa

Elena gioca.
Con che cosa gioca?
Elena gioca ....

Renato legge.
Che cosa legge?
Renato legge ....

Ugo disegna.
Che cosa disegna?
Ugo disegna ....

Maria mangia.
Che cosa mangia?
Maria mangia ....

53

I colori

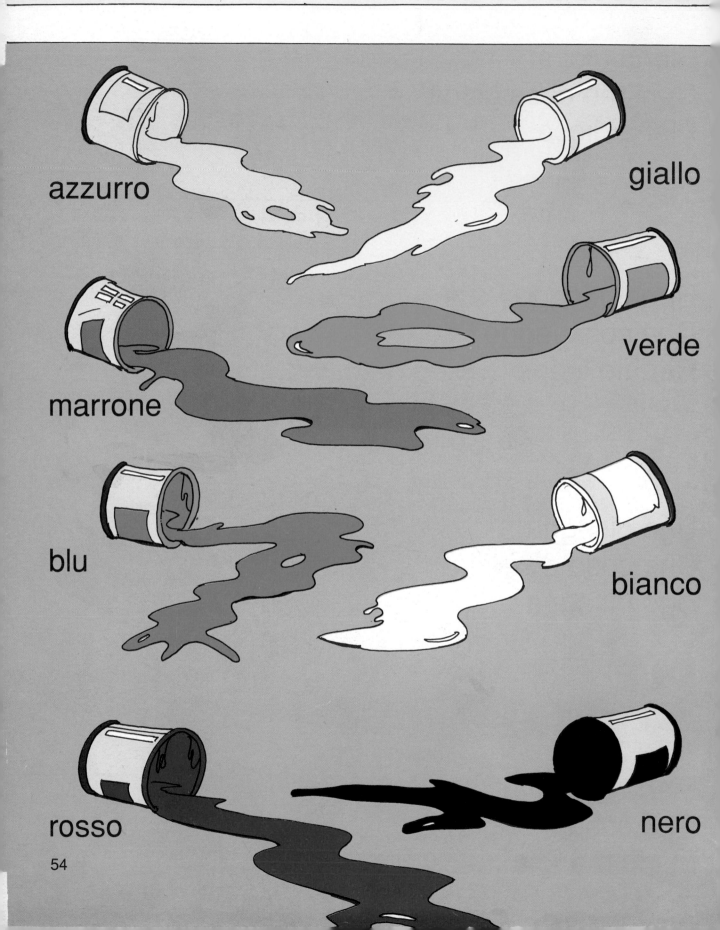

azzurro

giallo

verde

marrone

blu

bianco

rosso

nero

Colora...

La macchina numero 7 è rossa.
La macchina numero 8 è verde.
La macchina numero 4 è azzurra.
La macchina numero 9 è blu.
La macchina numero 5 è bianca.
La macchina numero 6 è gialla.

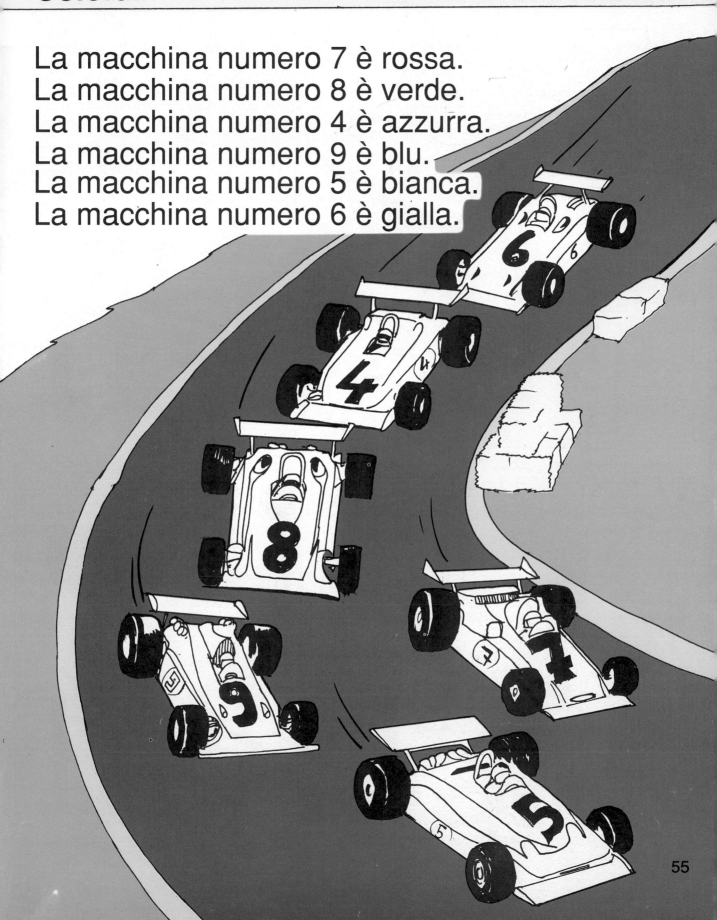

Bip disegna

57

58

Che cosa ha disegnato Bip?

Osserva la pagina 58 e racconta.

Bip ha disegnato il cielo azzurro.
          una casa ....
          un albero ....
          una panchina ....
          un gatto ....
          una bicicletta ....

Ecco qui il mio trenino

Ho un bellissimo trenino.
rosso, verde, giallo, blu.
Corre in su, corre in giù
fischia sempre: ciù, ciù, ciù.
Com'è bello il mio trenino
rosso, verde, giallo, blu!

Farfallina

Farfallina tutta bianca
vola vola, mai si stanca
vola qua, vola là
poi si posa sopra un fior.

L'uva è bianca e nera
è verde e rosa la pera
è giallo il melone
la castagna è marrone
l'arancia è arancione
insieme al mandarino
la mela ha il rosso e il giallino.

Luigi Grossi

Il presepio

– Andrea, guarda! Ho fatto il presepio.
– Oh, com'è bello!
– Dimmi, che cosa vedi?
– Vedo Gesù Bambino,
  Maria e Giuseppe.
– E poi?
– Vedo l'asino, il bue, un angelo
  e una stella.
– Che cosa fa Gesù Bambino?
– Dorme.
– Che cosa fa l'angelo?
– Canta.

Domanda e rispondi!

Che cosa vedi?
Chi dorme?
Chi canta?

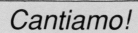

Cantiamo!

Maria canta.
Maria canta la ninna nanna
a Gesù Bambino.

Ninna Nanna o piccolino

1) Nin - na nan - na o pic - co - li - no,
so - gna il cie - lo az - zur - ri - no.

Ninna nanna o piccolino
sogna il cielo azzurrino.
Dormi dormi, mio tesoro
la tua mamma sta con te.

Cosa dici alla maestra?

Cosa dici ai tuoi compagni?

I giorni

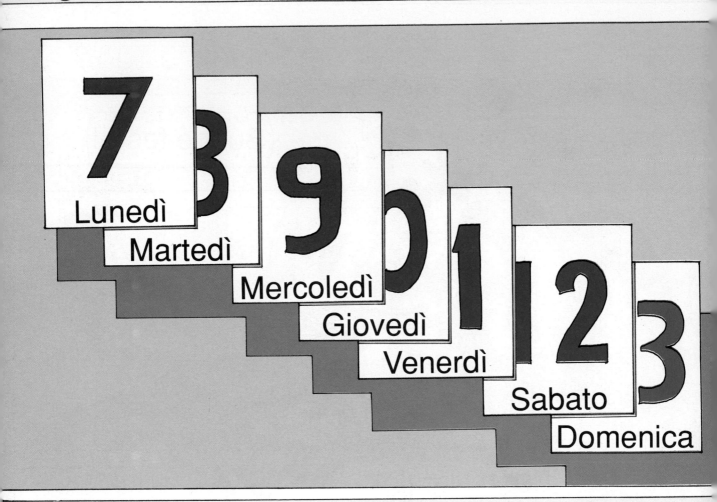

7 Lunedì
8 Martedì
9 Mercoledì
0 Giovedì
1 Venerdì
2 Sabato
3 Domenica

Che cosa manca?

```
                M
          V  E          
       M  R
  D    C
       G  O
          L
          E
       L  D
          I
```

Oggi ....domani.

Che giorno è oggi?
Che giorno è domani?

Lunedì chiusin chiusino

martedì buca l'ovino.

Viene fuori mercoledì

Pi, pi, pio
fa giovedì
venerdì è un
bel pulcino

Becca sabato
un granino

la domenica mattina
ha già la sua
crestina.

Il compleanno

Auguri!

Gioco a catena.

I bambini siedono in cerchio. Un bambino chiede al suo vicino: "Quanti anni hai?".
Il compagno risponde e, a sua volta, fa la domanda al suo vicino.

Un libro nuovo

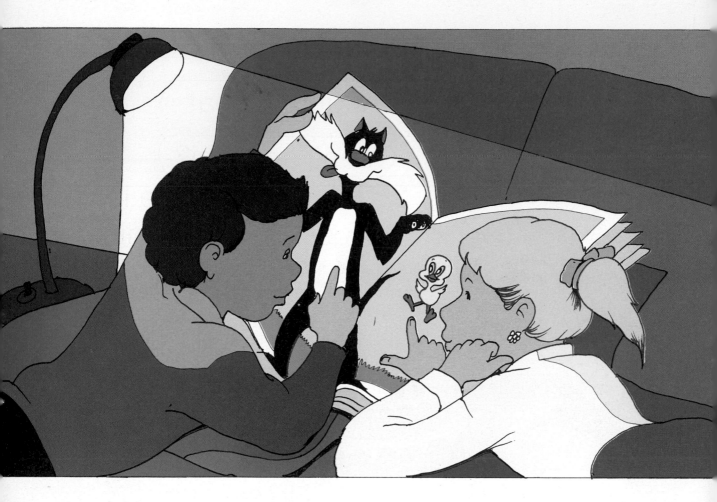

– Guarda! Ho un libro nuovo.

– Un libro nuovo? Fammi vedere!

 Chi è questo?

– È un gatto.

– Come si chiama?

– Si chiama gatto Silvestro.

– Com'è il gatto Silvestro?

– È grande e nero.

– E questo chi è?

– È un uccellino. Si chiama Titti.

– Com'è l'uccellino?

– L'uccellino è piccolo e giallo

Com'è?

Osserva e rispondi!

| grande | piccolo | grande | piccola |

| nuovo | vecchio | nuova | vecchia |

Alto – basso

Ivo   : – Giochiamo, Luisa?
Luisa   : – Sì, giochiamo! Che cosa facciamo?
Ivo   : – Vieni alla finestra. Guarda e
          dimmi che cosa vedi.

Luisa : – Vedo una montagna alta
            e una bassa.

Ivo   : – E poi cosa vedi?

Luisa : – Vedo un grattacielo alto alto
            e tante case piccole e basse.
            Vedo anche tanti alberi.

Ivo   : – Come sono gli alberi, Luisa?

Luisa : – Sono alti.

Ivo   : – Brava, Luisa!

Domanda e rispondi!

Come è?   Come sono?

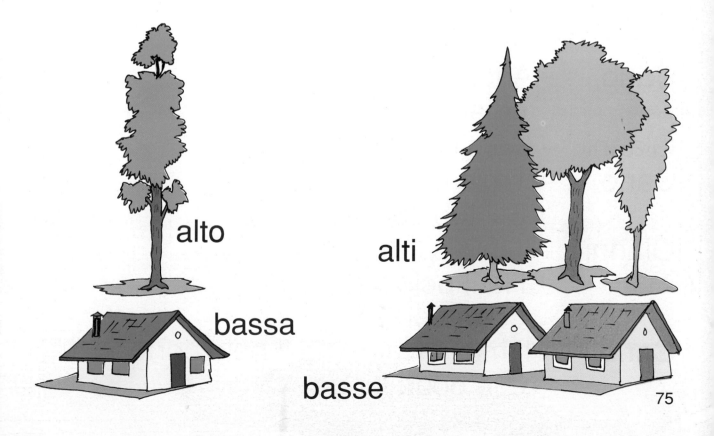

alto

bassa

alti

basse

Ful e Rex

Gianni : – Sai, ho un cane. Si chiama Rex.

Carlo : – Anch'io ho un cane. Si
chiama Ful.

Gianni : – Com'è?

Carlo : – Il mio cane è piccolo.
E il tuo com'è?

Gianni : – Il mio cane è grande.
Ha il pelo lungo e la
coda corta.

Carlo : – Il mio, invece, ha il pelo corto
e la coda lunga.

Come si chiama il cane di Gianni?
Come si chiama il cane di Carlo?
Com'è Rex? Com'è Ful?
Che cosa ha Rex? Che cosa ha Ful?

Domanda e rispondi! Com'è?

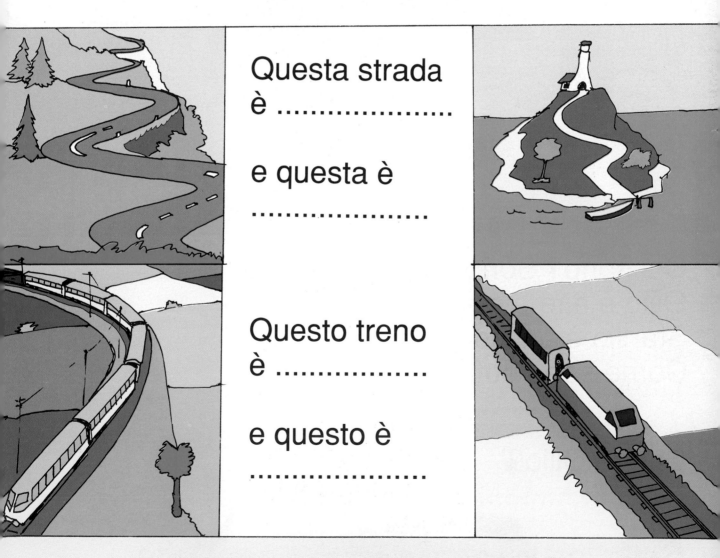

Questa strada
è ....

e questa è
....

Questo treno
è ....

e questo è
....

Sai dire altre frasi come queste?

Ollio e Stanlio

Chi sono? Sono Ollio e Stanlio.
Ollio è alto e grasso.
Stanlio è basso e magro.
Come sono buffi Ollio e Stanlio!

Com'è Ollio?

....

Com'è Stanlio?

....

Com'è?

Osserva e unisci con una freccia il disegno alla parola giusta.

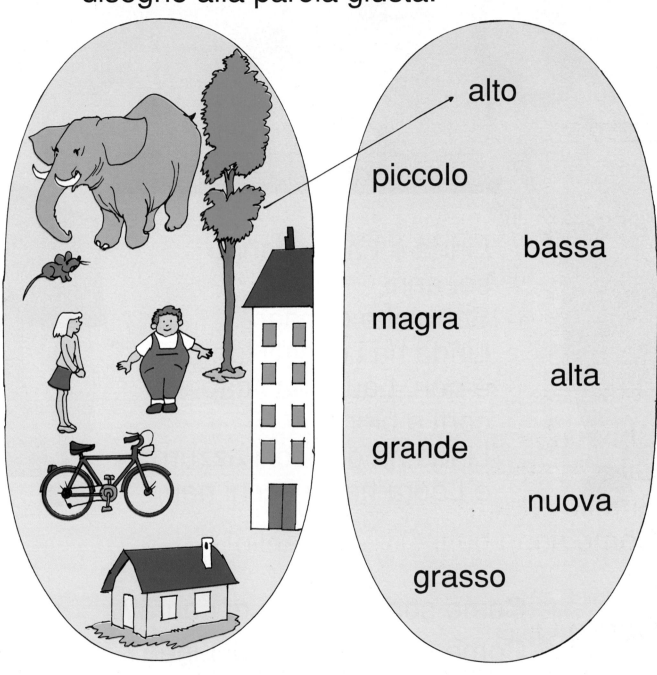

alto

piccolo

bassa

magra

alta

grande

nuova

grasso

Ora leggi! Sai anche scrivere queste frasi?

Linda e Laura

Linda e Laura hanno
sei anni.
Sono alte e magre.
Linda ha i capelli lunghi
e neri. Laura ha i capelli
corti e biondi.
Linda ha gli occhi azzurri
e Laura ha gli occhi neri.

Come sono i capelli di Laura?

Come sono i capelli di Linda?

Come sono gli occhi di Laura?

Come sono gli occhi di Linda?

Chi è? È Bop!

Osserva e rispondi!

È alto o basso, Bop?
È grasso o magro, Bop?
Ha i capelli lunghi o corti?
Ha il naso grande o piccolo?
Ha gli occhi neri o azzurri?
È bello o brutto, Bop?

Ora prova a scrivere:
Bop è .... e ....
Bop ha i capelli ....
e ha gli occhi ....
Ha il naso ....
Bop è ....

Un topo

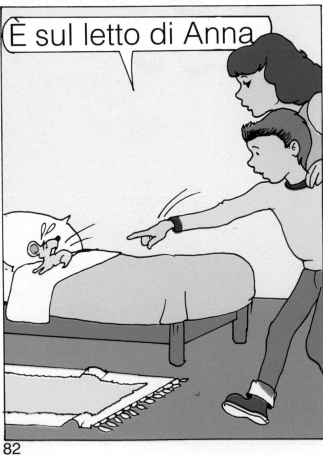

Dov'è?

Dov'è il libro?

Il libro è sul tavolo.

Dov'è il topo?

Il topo è sulla sedia.

Dov'è la palla?

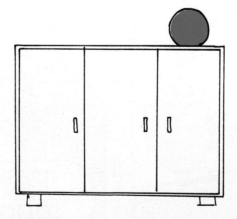

La palla è sull'armadio.

Dov'è il gatto?

Il gatto è nel cestino.

Dov'è il bambino?

Il bambino è nella vasca.

Dov'è il pesce?

Il pesce è nell'acqua.

Dov'è? Dove sono?

Tu leggi e il tuo compagno cerca
il disegno giusto e ripete la frase.

Il libro è sul tavolo.

I gatti sono sul tetto.

La bambola è sulla sedia.

Il fiore è nel vaso.

L'uccellino è nella gabbia.

Il topo è nel cestino.

Gli uccellini sono sull'albero.

I fiori sono sulla finestra.

Il gatto è nell'armadio.

Il pesce è nell'acqua.

Il gatto è sull'armadio.

Il cane è sul letto.

Che cosa manca?

| sul | sulla | sull' |

Dov'è il libro?
Il libro è .... banco.

Dov'è il gatto?
Il gatto è .... armadio.

Dov'è la palla?
La palla è .... sedia.

Dov'è il cane?
Il cane è .... tavolo.

Dov'è la bambola?
La bambola è .... letto.

Che cosa manca?

| nel | nella | nell' |

Dov'è il pappagallo?
Il pappagallo è .... gabbia.

Dov'è il bambino?
Il bambino è .... armadio.

Dov'è il topo?
Il topo è .... cestino.

Dov'è il pesce?
Il pesce è .... acqua.

Dov'è il trenino?
Il trenino è .... scatola.

Rita cerca la palla

Nascondi un oggetto e prova a fare questo dialogo con i tuoi compagni.

In casa

Tutti sono in casa. Bip è in bagno e si lava. Lucia è in stanza e legge.
Luca è in cucina e mangia una banana. La mamma è in soggiorno.
Anche il babbo è in soggiorno. Il babbo e la mamma guardano la televisione.

Dov'è Lucia?
Dov'è Luca?
Dove sono il babbo e la mamma?

Gigi cerca gli occhiali

– Mamma, dove sono
   i miei occhiali?
– Non lo so, Gigi. Forse
   sono in soggiorno.

– Non ci sono, mamma!
– Forse sono in bagno.

– Non ci sono!
– Forse sono in cucina.

– Sì, sono qui!
   Ecco i miei occhiali.

Dove va?   Che cosa fa?

Il babbo va .... bagno e si lava.

Luca va .... cucina e mangia.

Lucia va .... stanza e dorme.

La mamma va .... soggiorno e guarda la televisione.

Bip è in bagno

Ho fame! Ho sete!

– Che cosa mangi, Simone?

– Un panino con burro e marmellata.

– E tu Anna?

– Un panino con formaggio.

– Che cosa bevi, Simone?

– Bevo un bicchiere di latte.

– E tu, Anna, che cosa bevi?

– Io bevo un succo di frutta.

Che cosa mangia ....?

Domanda e i tuoi compagni rispondono.

Giulio	Giorgio	Marta	Gabriella
salame	formaggio	marmellata	prosciutto

I tuoi compagni domandano e tu rispondi.

Rosa	Antonio	Elena	Giovanni
cioccolata	caramelle	i biscotti	la torta

Orsetto rosso
e la marmellata

Orsetto rosso ha un vaso di marmellata e mangia.

Oh, chi ha preso la mia marmellata?

Ho preso io la tua marmellata. Ho tanta fame!

Beh! Ora la mangiamo assieme!

Che cosa dicono?

Io bevo un bicchiere di acqua.

Io bevo un bicchiere di succo d'arancia.

Io bevo un bicchiere di vino.

Io bevo una tazza di tè.

Io bevo una tazza di caffellatte.

Che cosa bevono?

beve

Gioco a catena.
Un bambino dice al compagno "Io mangio .... E tu?"
Il compagno risponde e fa la domanda al vicino.

Stesso gioco con "Io bevo .... E tu?"

Fufi ha fame

Fufi ha tanta fame.
Va in cucina e vede
Fido con un salame
in bocca. Fufi pensa:

Fufi va in cantina e
vede un topo.
Il topo mangia il for-
maggio. Fufi pensa:

Fufi va in cucina e vede il pesce nel vaso.
Fufi pensa:

Che buono il pesce!

Fufi piange.
Povero gattino!
Ha tanta fame!

Fufi, Fufi, dove sei? Prendi il tuo latte!

Fufi non piange più.
Beve il latte e pensa:

Vado a dormire
nel mio cestino.

Ora Fufi è contento.
Non ha più fame
e dorme nel suo
cestino.

Osserva e rispondi!

Apri la finesta e guarda.
Che tempo fa?

piove

fa bel tempo

nevica

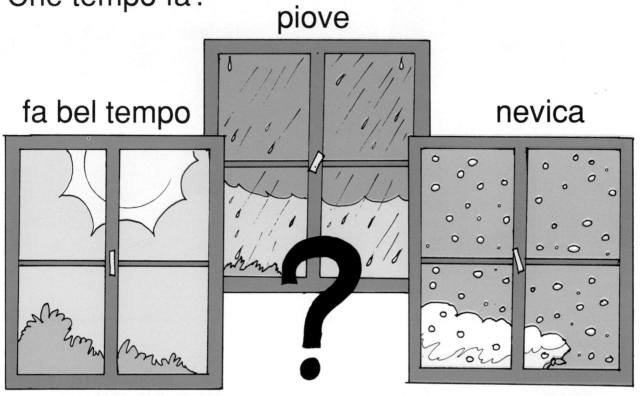

La neve

Giù dal cielo grigio, grigio
zitta, zitta,
lieve, lieve,
lenta, lenta,
bianca, bianca,
sulla terra vien la neve.

M. Milani

Nevica!

Il pupazzo di neve

Il pupazzo di neve ha un cappello verde sulla testa, una pipa in bocca e una scopa in mano. Com'è grande e buffo il pupazzo di neve!

Piove!

— Mamma, posso uscire?
— Dove vai, Claudio?
— Vado in giardino.
— Piove!
— Prendo l'ombrello.
— Mettiti anche gli stivali.
— Sì. Ciao, mamma.

Che tempo fa?
Che cosa prende Claudio?
Che cosa mette Claudio?

Il gioco dei cartellini

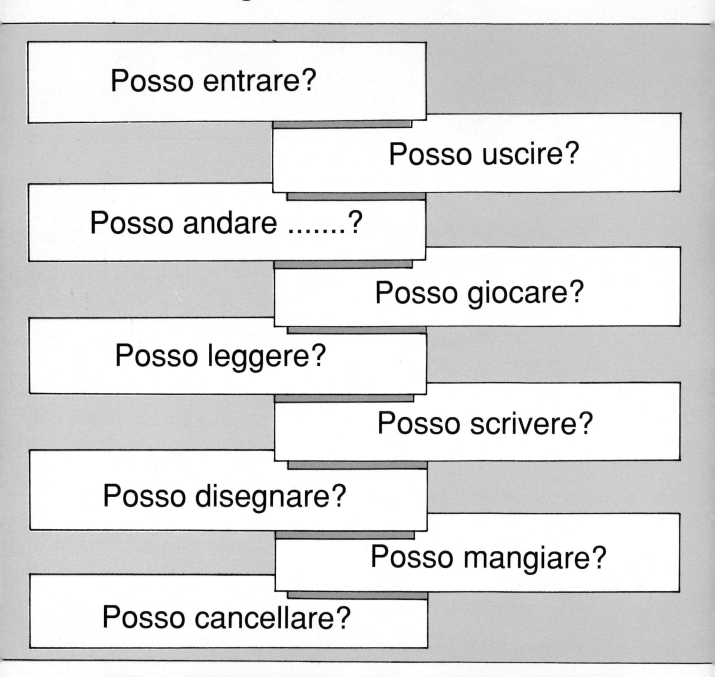

Posso entrare?

Posso uscire?

Posso andare ....?

Posso giocare?

Posso leggere?

Posso scrivere?

Posso disegnare?

Posso mangiare?

Posso cancellare?

Ogni bambino sceglie un cartellino, legge la domanda, la ripete ad alta voce e mima l'azione.

Che cosa dicono questi bambini?

Dove andiamo?

– Che bel sole! Andiamo a passeggio?

– Dove andiamo, Giovanni?

– Andiamo al parco?

– Sì, andiamo al parco. Prendi la palla!

Al parco

Fa caldo. Il parco è pieno di bambini.

Gianni e Piero giocano con la palla.

Carmela e Massimo vanno in bicicletta.

Daniela e Marco corrono.

Ivo e Mario leggono un giornalino.

Antonia e Marta mangiano un gelato.

Daniela

Marco

Massimo

Carmela

Piero

Gianni

Mario

Ivo

Antonia

Marta

111

Che cosa fa?

Gianni .... con la palla.

Carmela .... in bicicletta.

Daniela .... nel parco.

Ivo .... un giornalino.

Antonia .... un gelato.

Che cosa fanno?

Gianni e Piero .... con la palla.

Carmela e Massimo .... in bicicletta.

Daniela e Marco .... nel parco.

Ivo e Mario .... un giornalino.

Antonia e Marta .... un gelato.

Tombola

In una scatola ci sono tanti cartellini (ritagliati a pag. 53 e 55 del quaderno di lavoro).

L'insegnante estrae un cartellino e dice l'azione. Per es: «Il bambino mangia un panino».

I bambini coprono l'illustrazione corrispondente con i cartellini ritagliati dal quaderno e ripetono coralmente la frase.

Vince chi per primo copre sei illustrazioni di una cartella e sa leggere correttamente tutte le immagini.

Facciamo gli animali.

Uno, due, tre
ora tocca a te.

Faccio il gallo: chicchirichì,
il pulcino: pi, pi, piii.
Sono rana: gre, gre, gre,
pecorina: be, be, beee.
Se son cane: bau, bau, bau.
Se son gatto: miau, miau, miau.

Ora la mucca faccio: muuu,
e il maiale gru, gru, gru,
l'uccellino: cip, cip, cip,
e il cavallo: hip, hip, hip.
Volo e ronzo: zzzz, zzzz, z..
E io raglio a testa in su:
ihà, ihà, ihà!
La filastrocca finisce qua.

M.A. Scamuzzo.

117

Gigi e la mucca

Gigi va al mercato e compera una mucca. Gigi

vede una pecora. Cambia la mucca con la pecora.

Gigi vede un'oca. Cambia la pecora con l'oca.

Gigi vede un vaso di miele. Cambia l'oca con il

vaso di miele e corre a casa. Il vaso di miele cade

per terra. La mamma dice: «Gigi sei un asino!»

Questo qui son proprio io.

Un na-so, du-e oc-chi, u-na boc-ca, du-e o - rec-chi,

un col-lo, du-e brac-cia, u-na te-sta, du-e ma-ni,

un pet-to, du-e spal-le, u-na schie-na, du-e gam-be,

u-na pan-cia du-e pie-di, ... Sì, mam-ma,

bab-bo, non-no, zio que-sto qui son pro-prio io!

Un naso, due occhi

sì, mamma, babbo,
nonno, zio
questo qui son proprio io!

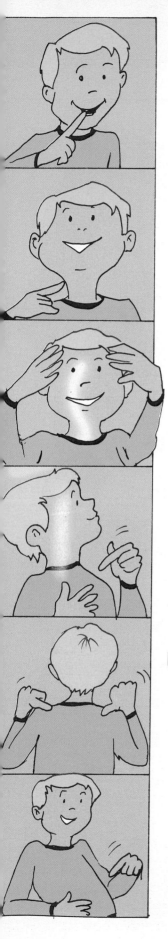

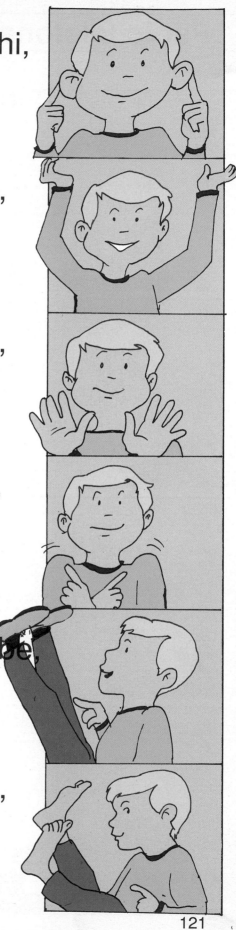

una bocca, due orecchi,

Sì, mamma, babbo,
nonno, zio
questo qui son proprio io!

un collo, due braccia,

Sì, mamma, babbo,
nonno, zio
questo qui son proprio io!

una testa, due mani,

Sì, mamma, babbo,
nonno, zio
questo qui son proprio io!

un petto, due spalle,

Sì, mamma, babbo,
nonno, zio
questo qui son proprio io!

una schiena, due gambe,

Sì, mamma, babbo,
nonno, zio
questo qui son proprio io!

una pancia, due piedi,

Sì, mamma, babbo,
nonno, zio
questo qui son proprio io!

Paolo telefona

Ho mal di ....

Domanda e rispondi!

Hai mal di testa? Hai mal di gola?
Hai mal di pancia? Hai mal di denti?

Perché?

Luca

Francesco

Sandra

Piero

piange

perché

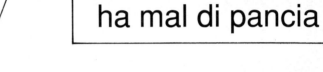

ha mal di testa

ha mal di pancia

ha mal di gola

ha mal di denti

Vieni allo zoo?

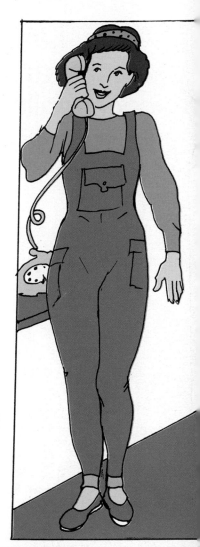

– Pronto!
– Pronto! Chi parla?
– Sono Anna, signora.
  Posso parlare con Ivo?
– Certo, Anna. Ecco Ivo.
– Ciao, Anna. Sono Ivo.
– Senti, Ivo, domani
  vado allo zoo con
  Laura. Vieni anche tu?
– Ora chiedo alla mamma.

Mamma, posso andare allo zoo con Anna?

Sì, puoi andare.

– Anna, posso venire con te.
– Bene! A domani, Ivo.

Prova a fare questa telefonata con il tuo compagno.

Allo zoo

Anna, Laura e Ivo vanno allo zoo.
Quanti animali! C'è la giraffa, l'elefante, il coccodrillo, l'orso. C'è anche l'ippopotamo.
Ci sono le zebre e le scimmie.

Buone vacanze!